Lic. Esp. **JAIRO GONZALEZ MONTOYA, D.D**

UN CAMINO DE FE

Compendio Básico de Ortodoxia

Primera edición

Registrado ante la Cámara Colombiana del Libro
Registro **ISBN** 978-958-46-5683-4

PRÓLOGO A LA PRIMERA EDICIÓN

Intenté buscar una persona independiente para el PROLOGO, ambiguo decirlo, pero ésta es nuestra cultura y sociedad; **dudas**, **temores** acompañaron a quienes en silencio apoyaron este trabajo investigativo, pero por razones de "**CANONICIDAD**" se abstuvieron de hacer público su apoyo a una obra que podría ser catalogada por "algunos" como apócrifa, no por su contenido, sino por quien la escribe.

UN CAMINO DE FE es la puerta No entre abierta, sino ABIERTA para quienes desde occidente desean iniciar un camino de esperanza hacia una Fe No Antigua o Anticuada, sino Viva, Fuerte, Actual y que ha permanecido a salvo en el tiempo y el espacio, sin quedarse atada a un espacio geográfico oriental o en antiguos territorios europeos.

Es esta primera edición pues el inicio de un largo caminar que día a día alimenta mi alma y guía mis pasos para encontrar en firme la voz que desde el infinito llama a mi alma.

Índice

Introducción

Aun soy un bebé que explora el camino de Fe que en todo mi ser se inspira.

Aun no logro entender la manera como esta experiencia está incrustada en mí ser que alimenta mi Fe y me da fuerza espiritual.

Esta búsqueda me ha enseñado a ver con otros ojos el pensar humilde de aquellos que con corazón sincero buscan paz espiritual en el esplendor de esta hermosa experiencia de vivir una doctrina, una fe y un sentir que llega a nosotros desde aquella tierra desde donde llegó la luz que ha de iluminar nuestros corazones y nuestro caminar.

De esta luz el **Archimandritha Sophrony** en su libro, **Ver a Dios como El es**, nos dice lo siguiente: *"La Luz increada, por su naturaleza propia, es distinta; su visión no es semejante a la visión física. La luz física produce cierta alteración del nervio óptico y se sigue después el proceso psicofisiológico de la visión, que no produce en nosotros un influjo espiritual. Sucede algo distinto con la Luz divina: su llegada está asociada a un estado de gracia particular, que se siente en el corazón, en la inteligencia e incluso en el cuerpo. Invisible en su propia índole, se torna inexplicablemente visible. Este fenómeno, sin embargo, es menos frecuente que los eventuales estados espirituales intensos de gracia, no acompañados de la visión de la Luz".*

Y así es y así no solo lo he sentido Yo, si también aquellos que sin nacer físicamente en oriente, espiritualmente soñamos y deseamos con toda nuestra fuerza, sentir en nuestras vidas esa **LUZ**, única e imperceptible al ojo humano, pero sutil y amoroso cuando le abrimos nuestro corazón.

Hoy, aun siendo un bebe en la fe y entendiendo que el camino es y seguirá siendo largo, he visto la necesidad de escribir y compilar con paciencia esta pequeña introducción a la fe ortodoxa, pero lo he hecho con los ojos de un occidental que gracias a esa luz ha dado inicio a un caminar que da paz a mi alma y tranquilidad a mi ser.

Esta experiencia que a muchos ha llegado gracias a quienes, sin egoísmos y con mucho amor han entendido que esta gran bendición debe ser compartida con quienes en la búsqueda de Dios hemos encontrado el camino que guía a oriente.

No es este pequeño libro, en ningún momento una excusa para molestar o incomodar a mis hermanos mayores en la ortodoxia, quienes por la bondad de Dios para con todos, hoy disfrutan de un mayor grado de canonicidad o madurez en la Fe Ortodoxa, es por el contrario una ayuda investigativa y didáctica que busca introducir al lector en un asequible modelo en donde se aprenda a amar con alma, vida y corazón este camino, difícil, pero de gran satisfacción.

Agradecimiento

Quiero agradecer, en primer lugar a mis hermanos sacerdotes que en este caminar me han dado toda su fuerza para intentar, aun con mis defectos, encontrarme día a día con este camino.

Agradezco aun que pareciere extraño a la Iglesia Católica Romana que sin querer me dio las herramientas iniciales para descubrir este caminar.

En el silencio por prudencia; mil y mil gracias a quien en el pasado desde Cuba, confió en mi sincera intención de atarme con amor a esta fe, intención que solo pocos desde la canonicidad pueden entender, a esa persona… nunca tendré con que pagar tanta alegría y dicha de saber lo grande e inmenso que es el amor de Dios.

A mis amigos cercanos y lejanos con quienes a un en la diferencia y respeto me han permitido con sus comentarios y enseñanzas ahondar en este vaso invaluable de la fe ortodoxa.

A quienes me han odiado o amado, pero con especial gratitud a mi familia que han sostenido mi lucha y mi búsqueda apoyándome en este caminar que por desconocimiento y dureza de corazón, suele incomodar a los indiferentes de la fe y del amor.

Y por último a mi amada sobrina **Mariana**, a quien cuando vi ser crismada, aun siendo una bebe en brazos, desde ella sentí que se iniciaba para mí un camino de esperanza que me enseñaría, que aun acompañado en ocasiones del dolor humano, poniéndome en manos del creador podría hallar paz para mi alma.

++ JAIRO GONZALEZ MONTOYA – Χαιρος

<u>1.</u> Una Visión desde Occidente

Para muchas una página aun no vista, tal vez una lección reprobada o como es más común, un repaso a la Historia de la Iglesia desde una perspectiva Católica Romana que suele verse en una universidad o Seminario Católico pero con una visión en ocasiones sesgada y con pocos argumentos.

Para quienes hemos nacido en el seno de una familia de tradición Católica Apostólica y Romana, en un continente en donde desde la conquista ha imperado una catequesis que nos ha hecho sentir en ocasiones en un lugar tanto explorado como sin explorar; de allí entonces que la búsqueda de **"respuestas de parte de Dios"**[1], unos las buscan en los Movimientos Cristianos Evangélicos u otros las buscamos en una profundidad tal, que ha muchos nos lleva a descubrir para nuestras vidas una paz que perdura por siempre y cada vez mas cuando de cerca nos encontramos de frente con **la FE ORTODOXA.**

---

1 «A todas las Iglesias, tanto de Oriente como de Occidente, llega el grito de los hombres de hoy que quieren encontrar el sentido de su vida. Nosotros percibimos en este grito la invocación de quien busca al Padre olvidado y perdido (Lc 15,18-20; Jn 14,8). Las mujeres y los hombres de hoy nos piden que les mostremos a Cristo, que conoce al Padre y nos lo ha revelado (Jn 8,55; 14,8-11)». Los caminos del Oriente cristiano - **Victor Codina** 2006

¿Es posible ser Católico sin ser miembro de la Iglesia que regenta el Papa Romano desde el Vaticano?

La respuesta dependerá del marco epistemológico[2] que usemos o en el que estén aferradas nuestras creencias.

El termino **Católico**[3], no es ni será nunca propiedad de marca, propia de una empresa, compañía e Iglesia.

La presente compilación no pretende ser un tratado teológico ni mucho menos adentrarse en un pensamiento dogmático; por el contrario quiere mostrar desde un contexto práctico y sencillo, partiendo de la enseñanza doctrinal de la Iglesia Ortodoxa, toda la Gran Verdad y Riqueza que esta encierra.

No es ni será fácil para los Occidentales entender de inmediato la gran riqueza oriental expuesta al conocimiento de los hombres, pero con la voluntad de quien descubre el camino correcto, lo podremos lograr.[4]

---

2 La epistemología (del griego ἐπιστήμη (episteme), "conocimiento", y λόγος (logos), "estudio") es la rama de la filosofía cuyo objeto de estudio es el conocimiento.)
3 H. ERIKSON, Iglesias locales y la Catolicidad: una perspectiva ortodoxa, en LEGRAND, H.·MANZANARES,].·GARCÍA, A. (eds.), Iglesias locales y Catolicidad, Salamanca 1992, 656·657.
4 La diferencia entre un occidental y un oriental, radica en que el occidental pretende aprender a nadar sobre una tabla puesta en la arena; mientras que el oriental se introduce en el mar. **Pavel Florensk** - Teólogo ortodoxo

<u>2.</u> Disposición para el encuentro

No es solo querer, también es necesario ver, pero para entender la hermosura de la doctrina ortodoxa, se debe ver con ojos espirituales o más bien con una gran disposición natural.

Desde la verdadera teología ortodoxa, el hombre de acuerdo a las Sagradas escrituras es llamado a Ser "imagen"; así el hombre es llamado a adquirir "la semejanza", o sea, la zeosis (**Θέωσις**) deificación (verdadera unión con Dios desde donde todos seremos transformados)[5]. El creador, Dios por naturaleza, llama al hombre a hacerse dios por la gracia (**χαρις**). Y esa misma gracia es la que nos lleva a entender lo que para otros de duro corazón les es imposible entender.

Este largo caminar de la ortodoxia no es el culmen de un propósito ni mucho menos la instancia final de un querer cristiano. Quienes hacemos parte no somos seguidores del Cristo, quizás como muchos hombres lo son de un astro de la farándula o gurú. Somos miembros del cuerpo del Cristo. Es por amor que él Cristo nos toma Y acepta, a todos los cristianos, a pesar de nuestras

---

5 1 Corintios 15,51 y 2 Corintios 3,18

incapacidades, faltas Y pecados y nos incorpora a Su cuerpo. Nos convierte realmente en miembros de Su cuerpo.[6].

Desde la perspectiva teológica respecto a ver a Dios, debemos tener en firme el principio de que a Dios nadie le ha visto.[7]

Ni puede llegar a verle frente a frente en esta vida. No podemos ver la esencia misma de Dios con los ojos del rostro o de la mente. Olvidar este principio, puede dar lugar a formas antropomórficas de concebir la revelación. Puede dar lugar a confundir a Dios con sus mediaciones, de suerte que se confunda a Dios que se revela en lo otro, manteniéndose escondido en sí mismo con la traducción humana de lo divino. Podremos "**ver**" a Dios por la gracia que nos concede de entender su infinita misericordia y amor.

Lo más sublime de este mundo todavía dista infinitamente de la infinita perfección de Dios, como nos lo ayuda a entender la teología Palamista[8] entendiendo la gracia no como una energía increada sino como la real auto comunicación de Dios en y por medio de la inhabitación del Espíritu Santo en medio de la Iglesia y nuestras vidas.

La teología de San Gregorio, básicamente resume la tradición y la enseñanza de los padres antes que él (Basilio, Gregorio de Nisa,

---

6 Ef.5,30. Porque somos miembros de su cuerpo, de su carne y de sus huesos.
7 1 Tim 6,16. Quien sólo tiene inmortalidad, que habita en luz inaccesible; á quien ninguno de los hombres ha visto ni puede ver: al cual sea la honra y el imperio sempiterno. Amén.
8 Gregorio Palamas (1296-1358)

Gregorio Nacianceno, Máximo el Confesor, etc), en tres etapas de la lucha espiritual, haciendo posible la deificación del hombre.[9]

La **primera etapa** consiste en la **oración mental, del corazón y sin cesar**, de acuerdo con 1 Tesalonicenses 5.17: " *Orad sin cesar*".

La **segunda etapa** es la **lucha espiritual diaria y la iluminación en la oración**, de acuerdo con Mateo 5, 8 "*Dichosos los de corazón limpio, porque verán a Dios*". "cuando el cristiano invoca constantemente al Señor Jesús, entonces el fuego de la Gracia Divina se extiende incluso a los sentidos externos. Esta es la "**luz increada**", que como "**Energía increada**" divina se le apareció a Moisés en el Monte Sinaí.

La **constante y fiel mención del nombre de Jesús, ilumina** y lleva a la **tercera y última etapa**, que es la deificación de la unión con Dios. "**Con la participación del mismo Dios y la gracia increada, el hombre se convierte en un dios por la gracia**". Pero esto entonces se ha de completar y lograr plenamente con la participación del culto cristiano en la Iglesia

---

9 CONDICIONES TEOLOGICAS DE VIDA en el Espíritu Santo, La contribución de San Gregorio Palamas. Profesor Demetrio I.TSELENGIDI

3. Abriendo y cerrando puertas

Otra intrincada obstrucción en el noble proceso de caminar hacia Dios desde la ortodoxia suele estar, lastimosamente en los ciegos de corazón que al unísono se declaran los únicos Rectos y los Únicos Creyentes, apartándose de todo bien espiritual propuesto por Jesucristo para los hombres; es decir de la luz que les guie hacia el pleno conocimiento de la verdad.

Si bien es claro que entre la Iglesia Católica Romana y la Iglesia Católica Ortodoxa, las diferencias, aun cuando, mínimas para algunos, estas realmente son claras y en muchos casos distantes una de la otra. Son maneras diferentes de experimentar y vivir la fe cristiana[10].

Quienes con gran fortuna nacieron dentro de la Fe y Doctrina Ortodoxa y quienes por la bendición del Altísimo habiéndola conocido y recibido decidieron vivir dentro de ella, deberán tomar para si el **"Corazón Caritativo"** del que nos habla Oliver Clement,[11] en su libro **"La Iglesia Ortodoxa"**. Tener un corazón caritativo debe ser aquel que se llene y extasié por completo de amor por la creación entera, incluyendo a quienes aun no conocen

---

10 Los caminos del Oriente cristiano. Victor Codina. 2006
11 Teólogo francés de la Iglesia ortodoxa

a Dios o aun no han llegado a descubrir la infinita bondad que posé la Verdadera Iglesia de Nuestro Señor Jesucristo. "*SI yo hablase lenguas humanas y angélicas, y no tengo caridad, vengo á ser como metal que resuena, ó címbalo que retiñe*"[12], de nada entonces nos servirá creer que somos cristianos ortodoxos cuando nuestros actos cotidianos están alejados de todo acto de amor evangélico.

Cada cristiano ortodoxo que quiera anunciar el evangelio de Jesucristo desde la mas hermosa vida ortodoxa, deberá entonces tener un gran corazón caritativo, "**¿Qué es el corazón caritativo?**" – **San Isaac el Sirio** lo responde: "Es el corazón que se consume por toda la Creación, por los hombres y por los pájaros, por los animales y por los demonios así como por toda criatura. Cuando se acuerda de ellos y los contempla, sus ojos lloran, no puede soportar sentir o ver que sobrevenga el más pequeño mal o la más pequeña desgracia en la Creación. Así ofrece en todo momento plegarias mezcladas con lágrimas por los animales e incluso por los enemigos de la verdad y por todos los que le hacen daño, a fin de que sean guardados y perdonados: y también por la raza de las serpientes, movido por la gran misericordia que actúa en su corazón, sin medida a imagen de Dios."[13]

---

12 1 Corintios 13, 1
13 LA GNOSEOLOGIA DE SAN ISAAC DE SIRIA - Seminario de san Sabbas (1928). Sremski Karlovci - Serbia

<u>4.</u> Por el Pan que alimenta nuestra vida espiritual

Cuando cerramos nuestro entender y nos oponemos a la infinita bondad de recibir la gracia del creador, es decir las energías divinas con la cual es penetrado todo el universo desde la Encarnación, opacada en el hombre solamente por su propio pecado; aparece allí la Celebración y Participación de la Eucaristía como puerta de acceso a esta energía.

Por naturaleza propia el hombre no ha sido ateo, por el contrario desde la antigüedad eran hombres religiosos, que no conocían al verdadero Dios, que eran idolatras; pero que amaban profundamente a sus divinidades y estos hombre perdidamente entrelazados a sus dioses, les faltaba algo importante… La comunión con Dios, es decir, les faltaba adquirir la semejanza con Dios.

Este planteamiento nos enfoca directamente hacia el pan que se nos da en la Divina Liturgia, Liturgia que se nos es entregada para nuestra salud y remedio mediante la vivencia de un rito.

La definición exacta de la liturgia no puede, en su esencia, ser otra que ésta: el ejercicio del sacerdocio de Cristo por medio de la

Iglesia; o bien, en términos distintos, pero equivalentes, el culto integral del Cuerpo místico de Jesucristo, Cabeza y miembros, a Dios.

En lo epistemológico El término liturgia proviene del latín liturgīa (liturguía), que a su vez proviene del griego λειτουργία (leitourguía), con el significado de «servicio público», y que literalmente significa «obra del pueblo»; compuesto por λάος (láos) = pueblo, y έργον (érgon) = trabajo, obra[14]. En la antigua Grecia este término no tenía las connotaciones religiosas actuales, sino que hacía referencia a las obras que algún ciudadano hacía en favor del pueblo o a las funciones militares y políticas, etc.

Otros escritos nos plantean a la liturgia como el elemento exterior sensible del culto, es decir, el conjunto de los ritos y de las prescripciones que con el tiempo fueron formando el ceremonial del culto cristiano.

Dicho de otra manera, la Liturgia como manifestación de adoración y alabanza al Creador, se expresa en el rito ó celebración, pero la celebración no puede ser sólo un rito, y de ninguna manera es sólo un «juego» litúrgico, pues quiere

---

14 Chantraine, Pierre (1999). "λαός". En: Dictionnaire étymologique de la langue grecque. París: Klincksieck.

transformación de mi existencia en dirección al logos [15], simultaneidad interna entre mi yo y la entrega de Cristo[16].

Ya con mayor claridad respecto al origen histórico o epistemológico, podríamos decir que la Liturgia, comunica nuestro ser, con toda la bondad de Dios y aquí desde lo espiritual y religioso distinguimos tres elementos[17]:

1. **Un elemento invisible, espiritual**, que constituye como el alma de ella, fijado por el mismo Jesucristo, primero y verdadero autor de la liturgia. Este elemento es la **GRACIA**, es decir, la misma vida divina, merecida y comunicada a los seres humanos a través de su sacrificio en el Altar.

2. Un **elemento integrante o accesorio, material, sensible**, sea unido a los otros del culto, de institución divina, sea fuera de los mismos, pero determinado por la Iglesia, a cuya autoridad solamente pertenece regularlo, fijarlo, cuidar de su desarrollo.

3. El término último del culto, que es **Dios en las tres divinas personas**. Como el misterio de la Santísima Trinidad es el dogma fundamental de la ley nueva, por eso constituye él el fundamento del culto litúrgico.

---

15 En la teología cristiana LOGOS, designa en lengua griega al Verbo de Dios, El Logos es interpretado como aquello que existía desde el principio (αρχη/arkhé) con Dios. Juan 1:1. (con mayúscula, porque es el nombre propio)
16 EL ESPÍRITU DE LA LITURGIA", de JOSEPH RATZINGER. EDICIONES CRISTIANDAD, 2001. Pagina 80.
17 Book Review: STORIA LITURGICA. Volume II. Mario Righetti. Milan: Ancora. Pp. 715

Elementos que con el pasar del tiempo se fueron consolidando en una manera de ser y de sentir desde nuestro ser, con la energía increada del Padre, quien a través del Santo Espíritu nos transmite su fuerza y su poder[18].

---

18 El Espíritu despierta en los fieles un sentimiento de responsabilidad ante Dios para la salvación de sus hermanos... Toda oración de la Iglesia y sus miembros es una epiclesis que pide y recibe el Espíritu Santo como potencia de Dios. Dumitru Staniloae, Teólogo Ortodoxo. La transparencia del Espíritu Santo en la Iglesia.

<u>5.</u> Antecedentes Litúrgicos

Ahora bien, ¿Qué Liturgia es Válida?, ¿Cuál es verdaderamente Ortodoxa?

La respuesta, en parte nos la da la profunda y clara presentación que de este tema nos trae el Obispo Ortodoxo **Kallistos Ware**, "antes de producirse el cisma entre oriente y occidente, se empleaban liturgias propias en occidentes, distintas al rito bizantino pero plenamente ortodoxas"[19]

No pretendiendo ocultar, ni mucho menos desviar, es necesario aclarar que no todo lo que no sea bizantino, por derecho propio deja de ser ortodoxo, a excepción si nuestra mente alejada del amor de Dios, no nos permite ver mas allá de nuestras propias narices.

En el año 155 de la era cristiana el mártir y apologista griego San **Justino**, se refiere a la liturgia del aquel entonces así[20]:"*Y este alimento se llama entre nosotros **Eucaristía**, de la que a nadie es lícito participar, sino al que cree ser verdaderas nuestras*

---

19 La Iglesia Ortodoxa. Kallistos Ware 2006
20 I APOLOGIA DE JUSTINO DE ROMA. Ictis – Memória e Ortodoxia Cristã. Fonte: Padres Apostólicos – São Paulo, 1995. – Coleção Patrística. Introdução e Notas Explicativas: Roque Frangiotti. Tradução: Ivo Storniolo, Euclides M. Balancin.

*enseñanzas y se ha lavado en el baño que da la remisión de los pecados y la regeneración, y vive conforme a lo que Cristo nos enseñó. Porque no tomamos estas cosas como pan común ni bebida ordinaria, sino que, a la manera que Jesucristo, nuestro Salvador, hecho carne por virtud del Verbo de Dios, tuvo carne y sangre por nuestra salvación: así se nos ha enseñado que por virtud de la oración al Verbo que de Dios procede, el alimento sobre el que fue dicha la acción de gracias —alimento de que, por transformación, se nutren nuestra sangre y nuestras carnes— es la carne y la sangre de Aquel mismo Jesús encarnado. Y es así que los Apóstoles en los Recuerdos, por ellos escritos, que se llaman Evangelios, nos transmitieron que así le fue a ellos mandado, cuando Jesús, tomando el pan y dando gracias, dijo: **Haced esto en memoria mía, éste es mi cuerpo**. E igualmente, tomando el cáliz y dando gracias, dijo: **Ésta es mi sangre**, y que sólo a ellos les dio parte."*

Lo anterior, es entonces lo que nos muestra San Justino, respecto a lo que en ese momento existía de una Liturgia Eucarística o Divina Liturgia, liturgia que no era ni parecida como lo es hoy en día a las que se tienen en las diferentes culturas o tradiciones de índole católico.

Desde los inicios de la Iglesia primitiva, se mostró como el Rito característico del nuevo culto, el sacrificio de la nueva Ley ó La ***Coena Dominica o Fractio pañis***. Podemos decir que las primeras comunidades testificaban sobre una celebración de la eucaristía, a la que llamaban «**fracción del pan**», «**cena del Señor**», «**sinaxis**», «**eucaristía**» (más tarde), y en la que probablemente los gestos del pan y del vino (al principio y al final) enmarcaban el ágape. Del conjunto de testimonios se pueden deducir el orden de las secuencias: reunión y encuentro de la comunidad el «**primer día de la semana**»; palabra en fidelidad a Cristo y la enseñanza de los apóstoles; fracción del pan para la participación del cuerpo y la sangre de Cristo, conmemorando la presencia del Señor muerto y resucitado; unión de esta fracción del pan con la comunicación de bienes (¿colecta?); relación de la eucaristía con la vida entera: misión y oración permanente[21].

Grandes historiadores[22] de la Iglesia y Teólogos, con constancia advierten no tratar la Liturgia Bizantina como si esta fuese la única Liturgia Ortodoxa

En el siglo III de la era cristiana **Hipolito de Roma** plantea su muy conocida Tradición Apostólica, que nos dá una noción sobre lo que a dicha fecha existía como parte del culto litúrgico en la iglesia, existiendo en su momento diferentes expresiones y oracionales diversas.

Ello debido a las variadas organizaciones eclesiásticas en Oriente y Occidente, a las zonas de influencia de las grandes capitales de la época, a la diversidad lingüística y cultural, a la distinta

---

21 J L Espinel, La eucaristía del Nuevo Testamento, o c , 141-142
22 S. JANERAS, Bibliografía sulle Liturgie Orientali, 1961-1967 (Roma 1969)

sensibilidad y vivencia, a la diferente tradición ritual y simbólica[23]. Así se explica el nacimiento de las diversas «**Familias Litúrgicas ó Tipos Litúrgicos**».

En **Oriente**, desde el siglo v, y a partir de los tres grandes centros de vida eclesiástica (**Antioquía**, **Alejandría** y **Constantinopla**), se forman tres ordenamientos litúrgicos diferentes: la liturgia **sirio-occidental**, la liturgia **egipcia** y la liturgia **bizantina**, que posteriormente conocen diversas ramificaciones. Estas liturgias, al mismo tiempo que «**fomentaban el esplendor de las ceremonias expresado en majestuosidad hasta la fecha**» con diversidad de ritos y procesiones, ponen de relieve el carácter simbólico y mistérico de la celebración, y nos ofrecen una riqueza de formularios y de plegarias eucarísticas.

Entre estas últimas pueden contarse la **anáfora alejandrina de San Basilio**, **la de los Apóstoles**, **la de San Juan Crisóstomo**, **la de Santiago**, **la de San Marcos**, o bien las **anáforas de Addai et Mari**[24], la de **Nestorio**, la de **Teodoro de Mopsuestia**[25], la de **Serapión de Thmuis**[26].

Estos textos, con sus características y fisonomía propias, constituyen una aportación teológica y litúrgica de primer orden, y nos hablan de la variedad en la unidad eucarística.

---

23 BASURKO, La vida litúrgico-sacramental de la Iglesia, 92-93
24 Anáfora válida para la celebración eucarística en las iglesias asirias
25 Plegaria eucarística de la liturgia Hispano-Mozárabe
26 Es una Plegaria eucarística atribuida a Serapión, obispo de Thmuis, amigo de san Atanasio. Pertenece, pues, al ámbito alejandrino.

Y en Occidente, teniendo de por medio un elemento que hace diferencia en lo lingüístico (gran mayoría de habla latín para la época) y a pesar de las muchas sedes, también se logra desarrollar una gran presentación de ritos o liturgias particulares.

Algunos autores presentan dos familias litúrgicas: **la romano-africana** y la **galicano-hispánica**, otros prefieren hablar de **liturgia romana**, y de otras liturgias surgidas de un tronco galicano más o menos común, tales como la **liturgia hispánica,** conocida en la actualidad como **Liturgia mozárabe** (vigente entre los mozárabes), la **liturgia galicana** en sentido estricto, la **liturgia céltica** de los pueblos del noroeste de Europa (Irlanda y Escocia sobre todo), y la **liturgia milanesa o ambrosiana**, que tiene su centro en Milán[27].

En esta grande y hermosa dispensación sacramental del misterio de Cristo, el Espíritu Santo actúa de la misma manera que en los otros tiempos de la economía de la salvación: prepara la Iglesia para el encuentro con su Señor; recuerda y manifiesta a Cristo a la fe de la asamblea; hace presente y actualiza el misterio de Cristo por su poder transformador; finalmente, el Espíritu de comunión une la Iglesia a la vida y a la misión de Cristo , encontrándonos con otras expresiones litúrgicas, válida, aceptadas y aprobadas por iglesias históricas dentro de la

---

27 Eucaristía por Dionisio Borobio. Biblioteca de Autores Cristianos. Madrid 2000

Ortodoxia, así tenemos: **Liturgia de San Tikhon**[28], aprobada inicialmente por san Tikhon para comunidades de tradición anglicana ortodoxa que habitaban en Occidente (Norte América), autorizado su uso dentro de la Iglesia Ortodoxa Rusa Fuera de Rusia (ROCOR) del Patriarcado Ruso y el Patriarcado Antioqueno y La Divina **Liturgia de San Gregorio**[29], es una de las liturgias de uso autorizado por el Patriarcado Antioqueno Rito Occidental. La base de la liturgia es la misa tridentina que fue celebrada por la Sociedad de clérigos seculares de San Basilio (SSB), una iglesia antes independiente que formó parte del Rito Occidental Vicariato de Antioquía en 1961. También está autorizado para su uso dentro de la Iglesia Ortodoxa Rusa Fuera de Rusia (ROCOR), en la Iglesia Ortodoxa Polaca, el Patriarcado de Moscú, Iglesia Copta y el Patriarcado de Alejandría.

Como puede verse entonces, la Iglesia Ortodoxa, en su extensa manifestación litúrgica transmite la Gloria del Salvador que vuelve a brotar sobre el mundo, en donde la liturgia aparece como una expresión anticipada del Reino, desde donde el Espíritu actualiza de una forma real el cuerpo glorioso del Salvador.

---

28 An Anglican Liturgy in the Orthodox Church: The Origins and Development of the Liturgy of Saint Tikhon." M.Div. diss., St. Vladimir's Seminary, 2005.
29 Review essay on the Saint Andrew's Service Book in St Vladimir's Theological Quarterly, Vol. 41 (1997), No. 2-3, pp. 249-268

6. ¿Qué es la Ortodoxia?

6.1 Aspecto Histórico

En esta primera parte del estudio, analizaremos el desarrollo histórico de la Iglesia Ortodoxa. Vamos a definir primeramente el significado la palabra **"Ortodoxa"** proviene de la unión de dos vocablos griegos, **Ortho, Recta, Doxa, Glorificación, gloria, fe, doctrina.** Es decir, un cristiano ortodoxo es aquél que sigue la fe transmitida por los Apóstoles de Cristo.[30]

a. LA Fundación de la Iglesia

"En el año quince del gobierno del Emperador Tiberio, Poncio Pilato era gobernador de Judea, Herodes gobernaba en Galilea, su hermano Felipe gobernaba en Iturrea y Traconite, y Lisanias gobernaba en Abilinia. Anás y Caifás eran los sumos sacerdotes. Por aquel tiempo, Dios habló en el desierto a Juan, el hijo de Zacarías..."(Lucas 3:1-2) Con estas precisiones históricas, el

---

30 Todos confiesan que son siete los santos Concilios Ecuménicos y que estos constituyen las siete columnas que sostienen la Fe del Verbo Divino sobre las que Él erigió Su palacio sagrado, La Iglesia Católica y Ecuménica" Juan II, Metropolita de Rusia (Iglesia Ortodoxa - Kallistos Ware 2006)

Evangelistas Lucas, comienza a narrar la obra mesiánica de Jesús. La religión cristiana está, en efecto, basada en la creencia de una intervención de Dios en la historia concreta de la humanidad. Este carácter histórico de la obra mesiánica queda atestiguado también por la manera en que el evangelio fue transmitido al mundo grecorromano, y a las generaciones posteriores.

Los actos realizados por Jesús debieron ser confirmados por testigos. Estos testigos fueron los Discípulos, quienes fueron los testigos oculares de Cristo resucitado. Ellos fueron necesarios para la creación de la comunidad de la Nueva Alianza, y con la venida del Espíritu Santo sobre ellos (la Iglesia) se confirmó la veracidad del testimonio y pronto comenzaron a manifestarse los frutos de la predicación apostólica.

Por eso, decimos que la Iglesia nació en la Fiesta de Pentecostés, cuando un pequeño grupo de Galileos, "fueron llenos del Espíritu Santo" (Hechos 2:4). Desde aquel momento las adversidades y dificultades siempre han estado presentes en la evolución y crecimiento de la recta Doctrina, en especial en países ajenos a dicho entorno[31]. Este sucedió en Jerusalén, ciudad fronteriza del

---

[31] "El primer problema con que tropezaron los seguidores del Mesías fue la adaptación a la co-munidad judía en que nació su religión. Los judíos ocupaban

Imperio Romanos, frente al Oriente in conquistado. La religión se difundió rápidamente por la vía de comunicación dentro de la Diáspora judía. Durante la vida de los Apóstoles, esta expansión llegó hasta España y probablemente hasta la India; Roma, Alejandría, Antioquia y otras grandes ciudades se convirtieron en centro de actividades cristianas.

Durante esta expansión, los seguidores de Cristo tropezaron con muchos inconvenientes. El primero de ellos fue la adaptación a la comunidad Judía en la que nació su religión [32]. Los judíos ocupaban una posición única en el estado Romano. Formaban un grupo densamente compacto, resistiéndose forzosamente a la fusión con sus vecinos (los habitantes de Siria y Arabia) Esto era consecuencia no sólo de su profesión de un monoteísmo intransigente (en oposición contra el politeísmo dominante de las otras naciones de la región), sino que además, creían que Dios había concretado un pacto personal con Israel, ordenando a Su pueblo elegido que obedeciera Su ley, y prometiéndole a su vez redimirle del pecado y de la opresión. La ardiente esperanza de liberación de todas sus aflicciones, que vendría ligada al advenimiento de un mensajero divino especial (el Mesías), alcanzó su máxima expresión en la época que vio el nacimiento de la Iglesia. Después de un período de independencia política

---

una posición única en el Estado plurinacional romano". **Nicolás Zernov - Cristianismo Oriental**

[32] Orlandis Rovira, José (2000). Historia breve del cristianismo. Ediciones Rialp

(168- 63 a. C.), Palestina se incorporó al Estado romano y se expuso cada vez mas a la forzada helenización. Bajo Herodes el Grande (37-4 a. C.), que gobernó sobre Judea, Samaria y Galilea como rey nombrado por el senado romano, y bajo sus sucesores, se fundaron ciudades paganas en Palestina, donde los extranjeros helenizados adoraban a sus numerosos dioses. Algunos judíos comenzaron a mezclarse con los gentiles y a renunciar a su exclusividad religiosa. Todo esto, produjo en los demás un renovado celo por el judaísmo y afirmaban su confianza en la liberación prometida y trataban de evitar todos sus contactos con el mundo externo. En esa atmósfera floreció una literatura apocalíptica y cualquier rebelde que afirmaba ser el Mesías fácilmente reunía partidarios fanáticos.

Como es claro en el Libro de los Hechos de los Apóstoles, se ve que al principio, el mensaje del Evangelio se dirigió exclusivamente a esa nación oprimida. La respuesta fue mixta: se convirtieron algunos judíos, pero la mayoría se negaron a aceptar a Jesucristo como el Mesías prometido. La figura de un redentor crucificado se contradecía con la figura convencional de un libertador nacional.

La actividad religiosa de los cristianos en los comienzos no estaba separada del Templo judío, pues los primeros adeptos eran judíos: "Los creyentes,...todos los días se reunían en el templo..."(Hechos 2:46, 3:1). Pero, cuando tomaron conciencia de la universalidad del mensaje cristiano y decidieron incorporar a su sociedad a los conversos del paganismo, también tomaron la crucial decisión de separarse de Israel.

Cabe destacar que el judaísmo proporcionó al cristianismo su afirmación básica de que el Dios de Israel había elegido a su pueblo para el propósito de la reconciliación con la humanidad, y de que Jesús era el Mesías prometido, que ofrecía la liberación del pecado a los que creían en Él. El judaísmo proporcionó a la Iglesia las Sagradas Escrituras, y los ritos de iniciación que se convirtieron en las piedras fundamentales del culto y la organización de los cristianos. Del judaísmo, la naciente Iglesia aprendió a congregar a sus miembros en la celebración de los servicios semanales regulares, en los que se leían las Escrituras, se daba instrucción y se hacía verdadera la presencia divina mediante el encuentro corporativo, en el ágape eucarístico.

Durante los tres primeros siglos, la nueva religión (el cristianismo) se edificó en las más importantes ciudades del Imperio romano. Y las comunidades cristianas se componían principalmente del proletariado urbano, aún cuando poco a poco, se unían a la Iglesia cierto número de hombres de cultura y alto rango social. Cada comunidad era una unidad autónoma, dirigida por un obispo asistido por presbíteros, diáconos y diaconizas. Las Iglesias estaban en comunicación regular con sus vecinos; se recogían limosnas y se enviaban a las comunidades necesitadas. No había autoridad central, pero las Iglesias fundadas por los Apóstoles en ciudades importantes gozaban de prestigio y su liderazgo era aceptado voluntariamente, siendo las mas destacadas entre ellas las Iglesias de Roma, Alejandría y Antioquia.

Al principio la Iglesia pareció a las autoridades romanas una secta judía más; pero pronto se vio con claridad la diferencia entre ésta y el judaísmo, y para los cristianos éste fue el comienzo de trescientos años de persecución. El segundo problema que encontraron los cristianos fue cómo sobrevivir en un mundo romano hostil.

b. La Iglesia bajo la persecución durante los tres primeros siglos

Durante casi tres siglos, el Imperio Romanos había adoptado una postura hostil frente al cristianismo[33]. Esta actitud oscilaba entre una tolerancia benéfica y la persecución más abierta y más violenta, que al principio eran casuales y carecían de consistencia; pero que gradualmente se planificaron mejor y se hicieron de mayor alcance. El más elevado número de victimas se atribuye a la última y más feroz de todas las persecuciones, la de Diocleciano y sus compañeros de gobierno en el siglo IV.

---

[33] La Iglesia en Oriente durante la lucha por la supervivencia. N. Zernov

Sin embargo, los primeros predicadores cristianos trataron al Imperio con mucho respeto; incluso pusieron en él ciertas esperanzas, reconociéndole un papel de educador, en la medida en que el Reino de Dios todavía no se había realizado en la tierra. Pero todas esas esperanzas pronto se desvanecieron, pues aquél Imperio exigía a los discípulos de Cristo que renegasen de Su Maestro.

El primer asalto contra los cristianos fue ejecutado por Nerón (57-68) que en Roma ordenó su ejecutó en masa para apaciguar la insatisfacción popular causada por el gran incendio que destruyó gran parte de la capital. Así dieron muerte a los Apóstoles Pedro y Pablo, con cierto número de sus seguidores. Sus sucesores no siguieron una política uniforme pues algunos de ellos, como Domiciano (81-96), fueron muy severos; y otros, tales como Cómodo (180-192) migaron la tensión de la persecución.

Era difícil para el gobierno precisar la ofensa cometida por los cristianos, y generalmente se percibía que la Iglesia constituía una sociedad subversiva, cuya propia existencia desafiaba a las afirmaciones de que se debía obedecer al Estado romano en todos los asuntos civiles y religiosos. Tal era la opinión de Marco Aurelio (161-180) quien condenaba a los cristianos como fanáticos e inflexibles. Y cuando los emperadores se percataron del carácter verdadero de la oposición cristiana inauguraron una campaña anticristiana que aspiraba al exterminio total de esta nueva religión.

Lo positivo de las persecuciones fue que la Iglesia tuvo la oportunidad de extenderse por todo el territorio del Imperio.

c. Los Cinco Patriarcados Históricos

Por la época en que la persecución de Diocleciano había estremecido a la Iglesia y desequilibrado al Imperio, Constantino, un joven teniente del temido y anciano Emperador, estableció una cooperación entre la Iglesia y el Estado romano. A partir de aquel entonces, se produjo un cambio radical en las relaciones entre ambas partes. Y sólo un hombre pudo armar un plan capaz de unir a dos elementos opuestos: la Iglesia y el Imperio.

En el año 312, y luego de lograr una impresionante victoria en una de sus más decisivas empresas militares, la batalla del Puente Milvio, Constantino se reunió en Milán con su par oriental Licinio. Como resultado de esta reunión, Licinio publicó en el año 313 el famoso edicto de tolerancia religiosa conocido con el nombre de Edicto de Milán. Este decreto establecía la igualdad entre los cristianos y los paganos; pero después de su victoria sobre Licinio en el año 324, Constantino comenzó a acentuar más su inclinación hacia el cristianismo mediante su activo interés en los asuntos de la Iglesia. Convocó y presidió los concilios y aprobó sistemáticamente la legislación del Imperio de acuerdo a las enseñanzas del Evangelio. Sin embargo Constantino no se bautizó hasta el final de su vida ni tampoco renunció al título pagano de Pontifex Maximus. Con esto, la Iglesia se estableció en paz y se oficializó en el Imperio.

Por su lado la administración de la Iglesia siempre fue ejercida por los Obispos. Al Obispo de más alto rango, que pertenecía a un centro (ciudad) muy importante, con el tiempo se le otorgó el título de Patriarca. Y por razones administrativas, la Iglesia se organizó en los siguientes distritos eclesiásticos:

1. Roma, fundada por San Pablo, fue la primera capital del Imperio Romano.
2. Constantinopla, fundada por san Andrés y fue la segunda capital del Imperio.
3. Alejandría, el principal centro político, cultural y filosófico de África, predicada por san Marcos.
4. Antioquia, centro principal de Oriente, llamada la Ciudad de Dios, de la cual San Pedro fue su primer obispo.
5. Jerusalén, llamada la Madre de las Iglesias, en la cual el Señor Jesucristo predicó y obró la redención. En la

era apostólica fue presidida por el Apóstol Santiago, quien fue su primer obispo.

Cada uno de estos distritos era presidido por un Patriarca. Todos ellos tenían los mismos derechos; eran independientes en la administración de su distrito (o iglesia) y además, iguales entre sí. Dentro de dicha independencia y siendo Roma la capital del Imperio, se consideraba a su Patriarca el primero entre sus iguales (primos inter paris), es decir, tenía una primacía de honor solamente (1er Concilio Ecuménico, Art. 6; 2° Concilio Ecuménico, Art. 3; 4° Concilio Ecuménico, Art. 28; 6° Concilio Ecuménico, Art. 36).

Posteriormente, con el establecimiento de la capital en Bizancio, se dieron honores similares al Patriarca de Constantinopla.

d.   **Los Concilios Ecuménicos**

Desde el siglo IV hasta el siglo VI los emperadores otorgaron diversos privilegios a la Iglesia, le cedieron una parte del poder judicial y le concedieron el monopolio de las obras benéficas. En los lugares santos cristianos, así como en las tumbas de los mártires, edificaron grandes templos y en su nueva capital (Constantinopla, la nueva Roma) levantaron templos dedicados, no ya a la Victoria o a la Justicia, como lo hicieran los emperadores paganos, sino a la Sabiduría de Cristo (Hagia Sofía) o a la Paz Divina (Hagia Irene).

Al adoptar la nueva religión y al intentar, cada vez más, hacer de ella la base de toda su política, los emperadores querían darle al Estado una nueva alma y asegurarle su unidad. Seguro ya de la protección imperial, el cristianismo aceptaba en su seno las masas cada vez más crecidas, y con el cierre de la última universidad pagana (la de Atenas), Justiniano, en 529, podía considerarse el jefe de un estado enteramente cristiano.

En este clima de paz social y política, la Iglesia se vio perturbada por las herejías, es decir, por las interpretaciones incorrectas y opuestas a la verdad que ella encierra. Por eso, y para defender esta verdad y dar las correctas interpretaciones, además de otras materias normativas eclesiásticas, se realizaron los Concilios Ecuménicos. Dichos Concilios Ecuménicos fueron los siguientes:

1. **Concilio de Nicea (325).** Condenó a Arrio y definió al Hijo de Dios encarnado como consubstancial al Padre.

2. **Concilio de Constantinopla (381).** Dio una solución a las consecuencias de la crisis arriana. A este Concilio se le atribuye la adopción del Símbolo denominado Niceno-constantinopolitano.

3. **Concilio de Efeso (431).** Condenó la herejía de Nestorio, declarando que en Cristo no hubo una yuxtaposición de dos personas (Dios y un hombre llamado Jesús), sino que

la divinidad y la humanidad estaban unidas en una sola persona (Hypóstasis), la del Verbo Hijo de Dios. Por consiguiente María, madre de Jesús es madre de Dios (Theotokos).

4. **Concilio de Calcedonia (451).** Aprobando al mismo tiempo la existencia en Cristo de una sola persona, condenó a los monofisitas, quienes no distinguían los conceptos de "persona" (Hypóstasis) y de "naturaleza" (Physis). Según ellos, si Cristo era una sola persona no podía tener dos naturalezas, sino una sola, la divina. El Concilio sostuvo la existencia de dos naturalezas en la persona única de Verbo encarnado, y declaró que estas naturalezas "estaban unidas sin confusión, sin modificación, sin división y sin separación." A raíz de esta controversia, muchas Iglesias Orientales (Copta, Etíope, Jacobita y Armenia) se separaron de la Iglesia Ortodoxa y adoptaron confesiones de fe monofisitas.

5. **Concilio de Constantinopla (553).** Este Concilio fue convocado por el Emperador Justiniano, que quería demostrar a los monofisitas como el Concilio de Calcedonia no había caído en nestorianismo, y así inducirles a volver. El objeto del Concilio fue condenar a tres teólogos del S. V sospechosos de tendencias nestorianas.

6. **Concilio de Constantinopla (680).** Condenó una forma degenerada del monofisismo llamada monotelismo. Según los monotelitas, Cristo, si bien tenía dos naturalezas, no

tenía más que una sola voluntad divina. El Concilio afirmó que en Jesucristo la humanidad no era una realidad abstracta, sino que se manifiesta por una voluntad propia, libremente sometida en todas las cosas a la voluntad divina. Así pues, Cristo tiene dos voluntades.

7. **Concilio de Nicea (784).** Definió la doctrina ortodoxa acerca de las imágenes (Iconos), que representan a Cristo y a los santos. El Verbo de Dios se encarnó y se hizo un hombre verdadero. Por consiguiente puede ser representado. Las imágenes han de ser veneradas y no adoradas, ya que la adoración se reserva sólo para Dios. La veneración de imágenes fue combatida por varios emperadores bizantinos iconoclastas.

Históricamente, para los ortodoxos, la época de los Concilios Ecuménicos representa un período normativo. Fue entonces, y no durante el transcurso de los siglos posteriores (como ocurre en el Cristianismo Occidental) cuando quedo en gran parte definida la expresión dogmática y canónica de su fe, tal como la conocemos hoy en día.

Pero cabe mencionar que la obra de los Concilios Ecuménicos no se limitaba al aspecto puramente dogmático de la vida eclesial, sino que se extendió también a la estructura y organización de la Iglesia.

e.   El Gran Cisma Católico (1054)

Durante el periodo de los problemas que originaron los emperadores iconoclastas, se torcieron las relaciones entre Roma y Constantinopla. En Occidente, los bárbaros habían comenzado a establecerse y a formar unidades políticas más permanentes. Los Papas, cada vez más separados de los soberanos bizantinos, buscaban la amistad y protección de los gobernantes bárbaros.

En esta época de tensión, ocurrió un suceso que tuvo grandes consecuencias para el futuro de la Europa cristiana. En el 800, el Papa León III coronó a Carlomagno como emperador en la vieja basílica de San Pedro en Roma. Esta elevación de un bárbaro occidental trastornó las relaciones entre los cristianos orientales y occidentales.

Carlomagno comenzó a perseguir herejes, pretendiendo establecer su derecho como único sucesor de Constantino. En una época en que la uniformidad del ritual se consideraba, cada vez más, como un signo indispensable de ortodoxia doctrinal, no era difícil tildar de hereje a cualquier comunidad cristiana. Los cristianos orientales y occidentales habían seguido siempre sus propias tradiciones, y allá por el S. IX habían divergido éstas considerablemente, de manera que los obispos occidentales que apoyaban a Carlomagno le proporcionaron fácilmente la necesaria evidencia, consistiendo la más grave acusación en la supuesta corrupción del Credo, por omisión de la frase Filioque.[34]

La disputa sobre el Filioque hubiera podido reducirse como en muchas oportunidades anteriores. Pero en el S. XI, la situación tenía el agravante de que Oriente y Occidente habían perdido el criterio eclesiológico común, que en tiempos pasados les permitió entenderse. Cuando intentaban restablecer la unión, sus conceptos divergentes de la Iglesia impedían encontrar un lenguaje común. Para uno, la sede de Roma era el criterio único de la verdad, para otros, el Espíritu de verdad reposaba en la Iglesia entera y se expresaba normalmente por vía conciliar.

El Patriarca de Constantinopla, Miguel Cerulario, había emprendido las reformas de las Iglesias Latinas que estaban situadas dentro de su diócesis e incluso las del todo el Patriarcado. Los fieles de estas Iglesias conservaban las costumbres latinas que provocaban controversias en el pueblo. Por eso el Patriarca resolvió imponerles las costumbres bizantinas y al tropezar con su oposición, decidió sencillamente suprimirlas.

---

[34] La palabra **"filioque"** en latín significa **"el Hijo"**, añadida en España, en el siglo VI, y se utiliza en la versión clásica occidental del Credo para describir a la persona y la procesión del Espíritu Santo. Esta añadidura, adoptada por Roma, fue rechazada por los otros cuatro patriarcados que estaban en el Oriente (Constantinopla, Alejandría, Antioquía y Jerusalén). En esa versión del Credo, el Espíritu se dice que **"procede del Padre y del Hijo"**.

Durante todo este tiempo, en Occidente, había reformadores que llevaban a cabo sus propias reformas, cuyos elementos esenciales ya habían sido aceptados en el mundo franco, pero que encontraban gran resistencia en Italia. El Papa León IX y sus seguidores apoyaban a esos movimientos, que en Italia pretendían, entre otras reformas, promover el celibato del clero.

Todo esto provocaba controversias interminables sobre temas bastantes benignos entre interlocutores muchas veces bien intencionados, pero mal informados sobre la gran tradición de la Iglesia.

Como consecuencia de todo esto, los Occidentales dictaron una sentencia de excomunión que acusaba a los Orientales de las cosas más inverosímiles, por ejemplo, de haber quitado el Filioque del Credo y haber admitido el matrimonio de los clérigos. Como respuestas, el Patriarca de Constantinopla, ordenó que su Sínodo anatemizara a quienes dictaron dicha sentencia.

Todo esto produjo que en el 1054 se produjese lo que la historia llama el Gran Cisma Católico; aunque algunos historiadores afirman que la ruptura verdadera y definitiva se produjo en la época de las Cruzadas

f. Expansión y crecimiento de la Iglesia Ortodoxa en todo el mundo

La desafortunada división de la Cristiandad se complicaría posteriormente, ya que Occidente, a partir del siglo XVI, sufriría un desmembramiento con motivo de la Reforma, apareciendo de esta forma un número de comunidades protestantes y dividiendo la Iglesia en materia doctrinaria.

La Iglesia Ortodoxa, por su lado, continuó su misión natural de propagar el Evangelio y ensanchar sus fronteras. Así llegó a los Balcanes, a los Serbios y Croatas, luego a los Eslavos, Búlgaros y Ucranianos. Con el correr del tiempo, fueron organizadas otras misiones que alcanzaron a China, Japón y las tierras del Norte de Europa, Alaska, América y el sur de África donde muchos que desconocían el Evangelio del Señor, abrazaron la fe con mucha convicción.

Organizadas por el esfuerzo misionero de los primeros Patriarcados, se establecieron Iglesias locales, a las que les fue concedida posteriormente la Autocefalía o Autonomía, lo cual en ningún caso afecta a la unidad de la fe, doctrina y sacramentos de la Iglesia. Entre ellas: Rusia, Grecia, Servia, Rumania, Georgia, Albania, Bulgaria, Polonia, Finlandia y Checoslovaquia. Cada una tiene un Primado y un Sínodo que asegura su unidad con las otras

Iglesias. Los Patriarcados primitivos y estas Iglesias locales existen hasta la actualidad, sin perder su comunión entre sí, ni alterar la unidad de la Iglesia.

A partir del siglo XI, los ejércitos islámicos invadieron y tomaron posesión de la región sur oriental del Imperio Bizantino, Bulgaria, Servia y Rumania. Al mismo tiempo, los feroces tártaros cayeron sobre los territorios rusos, amenazando la existencia de la civilización oriental y su cristiandad. Más la férrea resistencia de la Iglesia y su poder de sacrificio por la fe, obtuvieron un doble resultado: La Cristiandad Oriental mantuvo su propia existencia y también logró que la cristiandad Occidental quedara indemne.

En los siglos XI, XII y XIII, Occidente organizó siete expediciones militares llamadas las Cruzadas, cuya intención original era rescatar los santos lugares que habían caído en mano de los musulmanes seldjúcidas, quienes en el año 1055 invadieron Mesopotamia y tomaron la ciudad de Bagdad. En 1071, derrotaron al ejército bizantino.

El final del siglo XI se puede considerar como el principio de la decadencia del Imperio Bizantino. El Islam en Oriente y los cristianos latinos en Occidente se hallaban igualmente decididos a aniquilar al Oriente cristiano. Durante cuatrocientos años, el Imperio luchó contra dos frentes.

Uno de los Emperadores bizantinos más capacitados de ese período fue Alejo Comneno I (1081-118), y fue durante su reinado cuando los cristianos latinos lanzaron su cruzada contra el Islam. El principio de las Cruzadas fue espectacular: el 27 de noviembre de 1095, el Papa Urbano II (1088-1099) predicó su trascendental sermón en el Concilio de Clermont, en el que exhortó al Occidente cristiano para que rescatase los Santos Lugares de la tiranía de los infieles y asegurar el camino a los peregrinos que se dirigían al lugar de nacimiento de Cristo y a la ciudad de Su muerte y Su Resurrección.

Los Cruzados resultaron victoriosos al principio, y en 1099 tomaron Jerusalén. Sin embargo no mejoró la relación con los cristianos orientales. Cuando se tomaba una ciudad por asalto, toda la población sufría a manos de los invasores, sin mostrar los Cruzados ningún respeto por la vida y los bienes de los cristianos. E incluso, las relaciones empeoraron cuando trataron de sustituir al clero local por sus propios hombres, y en 1100 obligaron a salir de la ciudad a Juan, Patriarca griego de Antioquia; lee sustituyeron por un prelado latino. Esta fecha marcó un paso más en el alejamiento de Oriente y Occidente y creó una nueva razón para el antagonismo entre su clero.

El siglo XII vio el rápido declive del Imperio Oriental y la degeneración moral y política de los Cruzados, que, aunque incapaces de expulsar a los Islámicos y establecer un orden político permanente, consiguieron varias plazas fuertes en Siria y Palestina.

El hundimiento gradual del ideal original hasta el punto de una guerra de rapiña alcanzó su cumbre a principios del siglo XIII, en la denominada Cuarta Cruzada. El pontífice romano Inocencio III (1198-1216), inspirado por la misma visión de Urbano II, quiso ver a las naciones cristianas marchando como una fuerza unida contra los seguidores del Islam. Inocencio excomulgó a los Cruzados, pero pronto les perdonó, esperando que dirigieran su atención a la guerra contra los invasores islámicos.

Un príncipe bizantino, Alejo, hijo del depuesto emperador Isaac Ángelo, llegó al campamento cruzado para pedir al marqués Bonifacio de Montferrato, quien acaudillaba al ejercito en aquel entonces, que le ayudase a recuperar el trono de su padre. Los Cruzados se prestaron a ayudar a Alejo, y los venecianos ofrecieron su flota. En Abril de 1203, los Cruzados zarparon de Zadar y llegaron a Constantinopla en el mes de junio. Los ciudadanos apoyaron a Alejo III y ofrecieron resistencia. Pero como Alejo II no era un hombre de coraje, huyó de Constantinopla y los oficiales repusieron apresuradamente en el trono al ya ciego Isaac Ángelo. Los Cruzados aceptaron una tregua, a condición de que su candidato, Alejo IV, fuese proclamado como emperador con su padre. Alejo confirmó por su parte su disposición a respetar todas las obligaciones que había contraído en Zadar, incluyendo la sumisión al papado y las concesiones comerciales a Venecia.

Las precipitadas promesas que hizo el joven príncipe resultaron difíciles de cumplir. El tesoro estaba vacío, el Patriarca y el pueblo se negaron a reconocer al Papa como cabeza de la Iglesia. En febrero de 1204, la excitada población destronó a Alejo IV. Los Cruzados decidieron atacar, y después de una breve, pero feroz lucha, entraron en la ciudad el Viernes Santo de 1204, y durante tres días saquearon salvajemente la gran capital del Oriente cristiano, que nunca había sido conquistada con anterioridad. El saqueo de Constantinopla es uno de los mayores desastres de la historia de la cristiandad. En aquellos tres días la Iglesia perdió su unidad; el Imperio la fuerza de resistencia a los invasores asiáticos.

Por último, Miguel VII el Paleólogo (1260-12282) expulsó a los Cruzados y retornó a Constantinopla desde Nicea, donde el gobierno griego había encontrado refugio temporal. Bizancio sobrevivió durante otros doscientos años, pero ya no era una vida normal, sino una agonía de muerte.

Para finalizar con este capítulo, podemos concluir que los cristianos ortodoxos se encuentran en todos los continentes del mundo. A pesar de las diferencias administrativas e idiomáticas, sea el español, el portugués, el Inglés, el griego, el árabe, el chino, el japonés, el eslavo, etc., todos tienen las mismas enseñanzas, la misma Tradición Apostólica, la misma Liturgia, los mismos Sacramentos, servicios litúrgicos y prácticas esenciales. Los fieles que participan en cada una de sus Iglesias locales no pertenecen a cada Iglesia en particular sino a la Iglesia Católica Apostólica Ortodoxa.

6.2   Aspecto Litúrgico

a. La Espiritualidad Ortodoxa

La vida espiritual en la Ortodoxia conoce una gran riqueza de formas, de entre las cuales el monacato permanece como la más clásica. Sin embargo, contrariamente al monacato occidental, en el Oriente no comprende una multiplicidad de diferentes órdenes. Esto se explica por el concepto mismo de la vida monástica, cuyo fin no pudo ser sino la unión con Dios en la renuncia total a la vida de este mundo. Los monjes toman el hábito ante todo para consagrarse a la vida de oración, la obra interior, en un claustro o una ermita. Por eso, se podría decir que el monacato oriental es exclusivamente contemplativo. Para los espirituales orientales (Ortodoxos) la vida contemplativa como la vida activa son dos vías inseparables, la una no puede ejercer sin la otra, puesto que la maestría ascética y la escuela de la oración interior, reciben el nombre de actividad espiritual. Si bien los monjes realizan a veces trabajos físicos, el propósito del mismo es ascético, para conseguir romper la naturaleza rebelde, también para evitar la ociosidad que es enemiga de la vida espiritual. Para alcanzar la unión con Dios, es preciso un esfuerzo continuo. La naturaleza humana debe cambiar, debe ser transfigurada por la Gracia, en el camino de la santificación que tiene un alcance no sólo espiritual sino también corporal.

El papel de los grandes focos de espiritualidad fue sobremanera considerable tanto en la vida eclesiástica como en la cultura y la política. Los monasterios del Monte Sinaí; de Studión, cerca de Constantinopla; de Monte Athos; Monasterios en Bulgaria y las grandes abadías de Rusia, fueron ciudadelas de la Ortodoxia, escuelas de la vida espiritual cuya influencia religiosa y moral fue de primerísimo orden en la formación cristiana de los pueblos.

b. La Liturgia Bizantina

Las distintas Iglesias en que se encuentra dividido el Cristianismo hoy, no sólo tienen diferencias dogmáticas en el concepto teológico de la Eucaristía, sino también difieren en la forma de realizarla.

Para celebrar la Eucaristía (y los demás sacramentos) la Iglesia Ortodoxa utiliza el rito Bizantino, llamado así, porque surgió en el siglo IV en Constantinopla (o Bizancio como era llamada).

Ya a fines de este siglo, dos grandes Padres y Doctores de la Iglesia, San Basilio Magno y San Juan Crisóstomo, habían trazado los lineamientos casi definitivos, dentro de los cuales se debía realizar la Divina Liturgia (o misa). En esta época surgen tres Liturgias de rito Bizantino, a saber, la Liturgia de san Basilio Magno, la Liturgia de san Juan Crisóstomo y la Liturgia de los Dones Presantificados, comúnmente atribuida a San Gregorio. Estas son las liturgias que hasta hoy perduran y se realizan en la Iglesia Ortodoxa; siendo la de san Juan Crisóstomo la que se usa con más frecuencia; la de San Basilio se realiza solamente los domingos de la Cuaresma (excepto el Domingo de Ramos), el Jueves y Sábado santo, las vísperas de Navidad y Epifanía, y el 1° de Enero, día del mismo san Basilio. La Liturgia de los Dones Presantificados, se realiza los miércoles y viernes de la Cuaresma.

c. Características Particulares de las Liturgias del Rito Bizantino

Las principales características son:

1) Para celebrar el Santo Sacrificio se utiliza pan leudado, a diferencia de la liturgia católica romana en la que se una pan ácimo (sin levadura)

2) Se comulga bajo las dos especies, es decir, se da a los fieles Cuerpo y Sangre del Señor Jesucristo.

3) La Liturgia (Misa) es totalmente cantada.

4) La concelebración; es decir, más de un sacerdote pueden celebrar juntos la Misa en un solo y mismo Altar. Esta es una costumbre muy notable en la liturgia bizantina.

d. Los Sacramentos

La Iglesia Ortodoxa acepta siete sacramentos, aunque no afirma que sólo este número de sacramentos son los canales visibles de la Gracia Invisible del Espíritu Santo. Hay teólogos ortodoxos que consideran sacramento no sólo a aquellos siete, sino también a las diferentes acciones litúrgicas y sacramentales de la Iglesia, tales como la bendición del Agua en la Fiesta de la Epifanía (6 de enero), las bendiciones de objetos, etc. Hay otros teólogos ortodoxos, más occidentalizados, que llaman sacramentos sólo a los siete, y a los demás los llaman sacramentales.

Entonces, los sacramentos en la Iglesia Ortodoxa son: Bautismo, Crismación, Comunión, Confesión, sacramento del Orden Sagrado, Matrimonio y Santa Unción.

e. Iconografía Ortodoxa

Los íconos (imágenes) no son meramente adecuadas decoraciones para los centros de culto, ni tampoco son considerados como medios de instrucción visual. Para los cristianos ortodoxos, revelan la última finalidad de la creación: ser templo del Espíritu Santo; y manifiestan la realidad de ese proceso de transfiguración del cosmos que empezó el día de Pentecostés y que gradualmente se extiende a todos los aspectos de la vida terrenal. El cristiano ortodoxo, cuando ve los íconos, contempla a través de ellos el mundo que existe más allá del tiempo y del espacio; y se asegura que su peregrinación terrenal es únicamente el principio de otra vida diferente y más completa.

El Icono es un instrumento de oración, alabanza y súplica, además, un medio para glorificar al Creador. Ante él nos postramos haciendo la señal de la Cruz, encendemos velas, lo incensamos y recibimos de la bendición. De su presencia obtenemos fuerza espiritual. Quien dice que adoramos los íconos, ha tomado, desde el principio, una posición en contra de éstos. Aquel que estudió su historia, conoce que ellos son una presencia sensible de Dios entre nosotros, por medio de Su Hijo Único, Su Madre y sus santos. La persona santifica al ícono que lo representa. Esto significa que en la Iglesia Ortodoxa honramos al prototipo, traspasamos los colores y las imágenes para llegar a la persona que vivió la fe e imitar su vida, aprendiendo cómo se debe vivir un cristianismo correcto.

Esto lo expresa San Basilio el Grande, cuando se dirige a los iconógrafos de su época diciendo: "Completad, con vuestros dones y vuestra capacidad iconográfica, la descripción imperfecta que hice con mis palabras... Vuestra pintura de este mártir va a mostrar la impresión en una forma viva; vuestro cuadro va a aclarar, con sabiduría, el brillo de la santidad en el rostro de este santo fallecido." Consideramos que este es un testimonio muy importante ya que se remonta al siglo IV.

El Icono en el Antiguo Testamento

La prohibición al pueblo hebreo de realizar estatuas o esculturas y de adorarlas (Éxodo 24:5; Levíticos 19:14) fue para insistir sobre la idea de que Dios es el primero y el último y que fuera de Él no hay ningún Dios (Isaías 44:6) Y la desobediencia a este mandamiento tiene como consecuencia la muerte. Había un gran temor de que el pueblo se volcase a la idolatría, porque alrededor del pueblo hebreo existían muchos pueblos idólatras. Pero, a pesar de todo esto, vemos que Dios dio a Moisés los Diez Mandamientos esculpidos en dos tablas de piedras (Éxodo 34:1), y le explicó la forma de construir el Arca del Pacto, la mesa de la ofrenda, el altar y el tabernáculo de reunión (Éxodo 25-27) Todo esto nos lleva a comprender que Dios, cuando ordenó o prohibió la realización de ídolos, no prohibió el uso de algunos instrumentos en la adoración. Él prohibió la idolatría, pero no prohibió el uso de los símbolos e instrumentos en la adoración a Dios, pues recuerdan siempre al Dios Vivo.

El Icono en el Nuevo Testamento

En el Nuevo Testamento no hay algún texto que hable específicamente acerca de los iconos. No existen textos que los prohíban, ni tampoco que ordenen la realización de los mismos. La razón es que Jesús estaba presente en la Tierra y la gente podía verlo y adorarlo.

El icono no representa la naturaleza humana caída, sino el nuevo hombre; señala la nueva criatura de Dios (2 Corintios 5:17; Gálatas 6:15) La base más importante para la veneración de los iconos es la misma Encarnación del Señor y Su presencia entre nosotros. Por lo tanto el icono es la confesión de la Encarnación de nuestro Señor Jesucristo. Acerca de esto habló San Juan Damasceno: "Antiguamente la iconografía no era posible, porque Dios no había tomado aún ni carne ni forma; pero ahora, después de su aparición en cuerpo y de su vida con nosotros, yo pinto a Dios al cual puedo ver, y que se hizo carne por mí. Por eso no voy a dejar de respetar el material en el cual se realizó mi salvación.

Es necesario insistir que, en la Iglesia Ortodoxa, no adoramos a los iconos santos, sino los honramos y veneramos. Esto está claro en todos los escritos de los Padres de nuestra Iglesia, especialmente en los Padres que vivieron en la época del Iconoclasmo. El principal de ellos fue San Juan Damasceno, quien escribe: "La veneración y la honra es una cosa y la adoración es otra cosa. Dios es el único de todo lo que está en el cielo, en la Tierra y debajo de la Tierra, que es digno de la adoración. Y nosotros nos postramos, los Ortodoxos, nos postramos ante Él y sólo a Él adoramos; honramos y veneramos a Sus santos, por el Espíritu Santo que los llena. No olvidamos que hacemos esto conforme al deseo de nuestro Señor que dice: "Quien a vosotros recibe, a mí me recibe" (Mateo 10:40)

El Séptimo Concilio Ecuménico hizo la distinción entre la posibilidad de pintar al Hijo porque se encarnó y entre la imposibilidad de pintar al Padre. Nosotros, cuando pintamos a Dios, pintamos a la segunda Persona encarnada de la Trinidad. Mientras que el fenómeno de pintar al Padre es rechazado por toda la Iglesia porque sabemos que la única forma de conocer al Padre es a través del Hijo (Juan 12:45)

San Doroteo habla acerca del rol del icono en nuestras vidas y dice: "El icono es una oración cuya tarea es enseñarnos a ayunar con nuestros ojos... su propósito no es provocar nuestros sentimientos humanos, sino dirigir nuestros sentimientos y sentidos hacia el amor del Creador; su trabajo es semejante al trabajo del Evangelio. Es un Evangelio gráfico para los que no saben leer. Todo lo que nos enseña la palabra a través del sentido del oído, el icono nos lo muestra en silencio"

Por eso, el icono fue siempre, en la conciencia de los Ortodoxos, portador de la Gracia y fuente de eventos milagrosos; tratados con devoción, como una concha marina en la que vive el santo.

6.3   Aspecto Teológico y Doctrinal

El punto de partida del desarrollo morfológico de la Fe Ortodoxa son las Sagradas Escrituras y especialmente los Evangelios, en los que está expuesta la manera sencilla de la doctrina Cristiana Primitiva.[35]

En la tradición ortodoxa la teología está estrechamente ligada a la espiritualidad ortodoxa, es decir, la experiencia espiritual y la vida ortodoxa. Son las dos caras de la nueva realidad iniciada por la Encarnación de la Palabra de Dios en la historia, "el Verbo se hizo carne» (Jn 1,14). La teología ortodoxa es la expresión teórica de la espiritualidad ortodoxa, como la espiritualidad ortodoxa es la experiencia práctica de los contenidos de la teología ortodoxa. Así que la teoría y la práctica están íntimamente relacionadas en la tradición ortodoxa. Esto se hace más clara si tenemos en cuenta que los padres se enfrentan a las herejías cristológicas señalando en primer lugar, el efecto negativo en la realización de la salvación y la divinización del hombre. Y si la Encarnación de la Palabra de Dios es el origen y fundamento de la nueva realidad en Cristo, la deificación del hombre es el fin y propósito.

---

[35] "Historia de la Teología y la espiritualidad ortodoxas" George D. Martzelos, de Salónica de 1988

La Iglesia Ortodoxa tiene en su Credo, llamado el Credo Niceno-Constantinopolitano, una síntesis de su doctrina, una lectura analítica del mismo nos ayudará a entender la fe ortodoxa. El Credo reza:

CREO en un solo Dios Padre, Todopoderoso, Creador del Cielo y de la Tierra, de todo lo visible e invisible.

Y en un solo Señor, Jesucristo, Hijo Unigénito de Dios, nacido del Padre antes de todos los siglos; Luz de Luz, Dios Verdadero de Dios Verdadero; nacido, no creado; Consubstancial al Padre, por Quien todo fue hecho.

Quien por nosotros, los hombres, y para nuestra salvación, descendió de los cielos, y se encarnó del Espíritu Santo y de María Virgen y se hizo hombre.

Crucificado también por nosotros bajo Poncio Piloto, padeció y fue sepultado.

Y resucitó al tercer día conforme a las Escrituras.

Y subió a los Cielos y está sentado a la Diestra del Padre.

Y otra vez ha de venir con gloria, a juzgar a los vivos y a los muertos y Su Reino no tendrá fin.

Y en el Espíritu Santo, Señor Vivificador, que procede del Padre, que con el Padre y el Hijo es juntamente adorado y glorificado, y que habló por los profetas.

En la Iglesia que es Una, Santa, Católica y Apostólica.

Confieso un solo bautismo para la remisión de los pecados.

Espero la resurrección de los muertos.

Y la vida del mundo venidero. **Amén.**

a. Dios: Trinidad y Unidad

La Iglesia Ortodoxa cree en la Santísima Trinidad, es decir, en Un solo y Único Dios que existe en Tres Personas distintas que son el Padre, el Hijo y el Espíritu Santo. Estas tres personas son Uno y Verdadero Dios. Según la tradición bíblica ortodoxa, decir que Dios existe se debe calificar por la afirmación de que Él es tan único y tan perfecto que no se puede comparar Su existencia con ninguna otra cosa. En este sentido Dios está más allá de la existencia o más allá de ser. Así habría gran renuencia, según la doctrina ortodoxa, de decir simplemente que Dios "es" o "existe" tal como todo lo otro "es" o "existe", o decir que Dios es simplemente al "Ser Supremo" en la misma cadena de existencia tal como todo lo demás en la creación.

En este mismo sentido la Doctrina Ortodoxa mantiene que la Unidad de Dios tampoco es meramente equivalente al concepto matemático o filosófico de "uno;" ni tampoco es su vida, bondad, sabiduría y todos los poderes y virtudes atribuidos a Él meramente equivalentes a cualquier idea, aún la idea más alta que el hombre pueda tener acerca de la realidad. Es este mismo Dios quien es formalmente confesado en la Divina Liturgia de san Juan Crisóstomo como "...Dios, inefable, invisible, incomprensible, siempre existente e inmutable."

b. Cristología

La definición cristológica de la Iglesia Ortodoxa está expresada en el Credo Niceno-Constantinopolitano con la frase: "Creo... en un solo Señor Jesucristo, Hijo Unigénito de Dios, nacido del Padre antes de todos los siglos; Luz de Luz, verdadero Dios de Dios verdadero; Engendrado, no creado; Consubstancial al Padre, por quien fueron hechas todas las cosas..."

El Hijo es nacido del Padre antes del comienzo de los tiempos. El tiempo tiene su comienzo en la creación. Dios existe antes del tiempo, en una existencia eternamente sin tiempo, que no tiene principio ni fin. En el "ahora" eterno de Dios, antes de la creación del mundo, el Hijo Unigénito de Dios nació de Dios Padre en lo que podemos llamar una generación eterna, sin tiempo, siempre existiendo de ahora. Esto significa que aunque el Hijo es "engendrado del Padre" y viene del Padre, su generación es eterna. Así, nunca hubo un tiempo en el cual el Hijo de Dios todavía no había nacido.

El Hijo pertenece a la misma naturaleza de Dios según la Divina Revelación tal cual fue entendida en la Tradición Ortodoxa, que Dios es un Padre eterno por naturaleza, y que debe tener siempre con Él, Su Hijo eterno, no creado.

c. Pneumatología Ortodoxa

El Espíritu Santo, en la doctrina Ortodoxa, recibe el título de Señor con Dios el Padre y Cristo el Hijo. Él es eterno, no creado y divino; siempre existiendo con el Padre y el Hijo; perpetuamente adorado y glorificado con ellos en la unidad de la Santa Trinidad.

Tal como el Hijo, nunca hubo un momento cuando el Espíritu Santo no existía. El Espíritu existe antes de la creación. Él procede de Dios Padre, en una procesión eterna, sin tiempo. "Procede del Padre", en la eternidad. (Juan 15:26)

La doctrina ortodoxa enseña que Dios Padre es el origen y fuente eterna del Espíritu Santo, tal como es fuente para el Hijo.

Debemos destacar que las Iglesia Católica Romana y las Iglesias protestantes tienen conceptos diferentes acerca de Dios, agregando que el Espíritu Santo procede del Padre "y del Hijo" (**Filioque**), que es una adición doctrinal que no se condice con las enseñanzas de las Escrituras.

Con la afirmación de la divinidad del Espíritu Santo, y la necesidad de adorarlo y glorificarlo con el Padre y el Hijo, la Iglesia Ortodoxa afirma la realidad divina, que es la Santísima Trinidad.

d. La Virgen María y los Santos

Para un cristiano ortodoxo, la virgen María es la Madre de Dios y por lo tanto, se le debe veneración y honra. María, tiene un lugar privilegiado en la Iglesia Ortodoxa, pues creemos que ha llevado una vida de castidad y pureza, de tal manera que Dios la consideró digna de ser la mujer, en la cual se encarnó el Verbo de Dios. Y esta elección divina no se basó sobre un destino predeterminado, sino sobre la plenitud de las virtudes que ella manifestaba. Dios miró su corazón invadido por la fe y la humildad; esto está claro en sus palabras: "...porque ha puesto los ojos en la humildad de su esclava."(Lucas 1:47) Este texto no necesita ninguna interpretación. Pues vemos, en la humildad de la Virgen, la grandeza de sus virtudes. María se humilló y Cristo descendió; ambas cosas, humildad y descenso, se unieron en la realización de la Encarnación Divina.

En el texto de San Lucas (1:26-37), se ve al arcángel Gabriel manifestándose a María. Ésta, maravillada por las palabras del ángel, comenzó a dialogar con él, hasta que finalmente ella misma acepta la propuesta divina diciendo: "He aquí la esclava del Señor; hágase en mí según tu palabra." Libremente ella aceptó la voluntad de Dios, por lo tanto, en el divino misterio de la encarnación del Salvador, no fue un simple instrumento sin opinión. La voluntad divina fue transmitida por el ángel y la voluntad humana se pone de manifiesto en la respuesta de la Virgen.

No podemos negar la lucha de María por alcanzar y perfeccionar las virtudes. Tampoco podemos rechazar la ida de su libertad. Ella opinó y eligió a Dios. Allí encontramos el acuerdo divino-humano: Dios ofrece a la Virgen ser la Madre y ella acepta voluntariamente y con alegría.

El ángel aseguró a María que sería la madre del Hijo del Altísimo. Como creemos en la Santísima Trinidad, creemos que Jesucristo es Dios y el Unigénito Hijo de Dios el Padre. Por lo tanto, los cristianos Ortodoxos creemos y proclamamos que la Virgen María es la Madre de Dios. Hay grupos de cristianos que consideran que esto es un error, pero ¿por qué no podemos llamar a la Virgen, Madre de Dios?... San Mateo, haciendo referencia a una profecía de Isaías, dice: " ved que la virgen concebirá y dará a luz un hijo, y le pondrán por nombre Emmanuel, que significa: Dios con nosotros." (Mateo 1:23) Entonces Emmanuel es Dios. Por otro lado el ángel le dice a José: "Dará (la virgen) a luz un hijo y tú le pondrás por nombre Jesús, porque él salvará a su pueblo de sus pecados."(Mateo 1:21) La palabra Jesús es en hebreo Yehosu'a, que significa Yahveh salva (o el Señor salva) Entonces Jesús es el Hijo del Padre, el Hijo del Altísimo, Emmanuel, Yahveh el Señor. Y en consecuencia, la Virgen María es la madre del Hijo de Dios, la madre del Hijo del Altísimo, la madre de Emmanuel, la Madre de Yahveh, en definitiva la Madre de Dios.

Pero algunos dicen que María dio a luz la naturaleza humana de Jesús y no la divina. Eso es cierto. Entonces, ¿porqué la llamamos Madre de Dios? ...La llamamos Madre de Dios, porque Jesús es una sola persona, a pesar de tener dos naturalezas. Ambas naturalezas están unidas sin confusión ni mezcla en la persona de Jesucristo. Si hablamos de nosotros, no decimos que nuestro padre y nuestra madre son los que engendraron mi cuerpo, sino todo mi ser. Así tampoco podemos dividir al Señor.

Cuando Jesús se dirige al Padre, no le dice: "Oh Padre de mi esencia" o "Oh Padre de mi naturaleza divina," sino lo llama "Padre mío". Todas la evidencias son claras, es por eso que para el cristiano ortodoxo, María es la verdadera Madre de Dios y a ella honramos y engrandecemos en cada Divina Liturgia, en cada oración y en todo momento nos encomendamos a sus intercesiones ante su Hijo, el Salvador y Redentor de nuestras almas.

Ella es el Paraíso místico, la Puerta infranqueable del Señor, el Puerto seguro, la Muralla y protección de los que buscan a Dios, la que intercede ante Cristo Dios por la salvación de nuestras almas, la Defensora infalible de los cristianos, la siempre bienaventurada, santísima, Purísima Madre de Dios.

e. Los Santos

Para hablar de la santidad y los santos, de acuerdo la Iglesia Ortodoxa, primeramente vamos a decir que el único y verdadero santo es Dios mismo. Esta idea es afirmada en nuestros himnos litúrgicos y confirmada en las Escrituras: "...yo soy el Señor, vuestro Dios; santificaos y sed santos, pues yo soy santo". (Levítico 11:44) El hombre puede llegar a ser santo y santificado por su participación en la santidad de Dios. Por lo tanto, la santidad es un don que Dios otorga a los hombres por medio del Espíritu Santo. Sin embargo, es indispensable el esfuerzo del hombre para participar, en esta vida, de la santidad divina. Pero la santificación misma es obra de la Santísima Trinidad, especialmente a través del poder santificante de Jesucristo, quien se encarnó, sufrió la crucifixión y resucitó de entre los muertos para conducirnos a una vida de santidad, por medio de la comunión con el Espíritu Santo.

Ahora, ¿quién puede ser llamado santo? ¿Quiénes son aquellos hombres, mujeres o niños a los que la Iglesia, en nuestros días, podría considerar santos?... Muchos teólogos ortodoxos clasifican a los santos en seis categorías:

1- Los Apóstoles, quienes fueron los primeros en difundir el mensaje de la encarnación del Verbo de Dios y de la salvación por medio de Cristo;

2- Los Profetas, pues estos profetizaron la venida del Mesías, como lo hizo San Elías;

3- Los Mártires, porque sacrificaron sus vidas y con valor confesaron a Jesucristo como Hijo de Dios y Salvador de la humanidad;

4- Los Padres y Jerarcas de la Iglesia, quienes, con la palabra y las obras, explicaron y defendieron la fe cristiana;

5- Los Monjes y Ascetas, que vivieron en el desierto y se dedicaron al ejercicio espiritual, alcanzando, tanto como les fue posible, la perfección en Cristo;

6- Los Justos, aquellos que vivieron en este mundo, llevando vidas ejemplares como clérigos o como laicos con sus familias, llegando así a ser ejemplos dignos de imitar en nuestra sociedad.

Todos y cada uno de estos santos tienen su propia vocación y característica; todos ellos han peleado "el buen combate de la fe, y han conquistado la vida eterna a la que habían sido llamados"(1 Timoteo 6: 12)

Cuando hoy, en nuestros días, pensamos en los santos, nos imaginamos superhéroes, poderosos, que no tenían problemas ni preocupaciones. Sin embargo, cuando el Apóstol Santiago, en su carta, nos habla del santo y glorioso Profeta Elías, nos dice que "era un hombre de igual condición que nosotros". Pero lo que distinguía al Profeta Elías, era su profunda fe, su amor a Dios, su perseverancia, su veracidad, su fidelidad, su justicia, su piedad. Valores que muchos de nosotros, hoy, hemos perdido. Hablamos de los santos y de sus vidas como algo del pasado; pero no nos animamos a responder al llamado divino: "Sed santos, porque yo soy santo". No nos atrevemos a enfrentarnos a nosotros mismos, a examinar nuestro interior, a dejar nuestras miserias humanas, a despojarnos del pecado y de la corrupción que cada día nos domina más y más. La santidad no es algo del pasado, pues Dios no se quedó sólo en el pasado.

Los santos son aquellas personas que han peleado (y pelean) el buen combate de la fe, y han conquistado la vida eterna a la que somos llamados. El mayor objetivo del santo es imitar a Dios y vivir una vida de deificación. San Máximo el Confesor (siglo VII) comenta que los santos son aquellos que han alcanzado la deificación, han dejado de lado el desarrollo innatural del alma, esto es, el pecado y han tratado de vivir la forma natural de vida, es decir, una vida conforme a la naturaleza creada, volviendo y mirando en todo tiempo hacia Dios; de esta manera, obtuvieron una unión total con Dios por medio del Espíritu Santo (Sobre la Teología, 7.73)

Por lo tanto, podemos decir que los santos son, principalmente, "amigos" de Dios (Éxodo 33: 11; Santiago 2: 23; Juan 15: 14 – 15) Ellos, a través de su piedad genuina y sincera, y su obediencia absoluta al Señor, le complacieron y por consiguiente fueron santificados tanto en alma como en el cuerpo; y subsecuentemente fueron glorificados en el presente mundo. A ellos les fue otorgado el don de orar e interceder por aquellos que aún viven en este mundo, luchando la "buena batalla" para la gloria de Dios y su propia perfección en Cristo Jesús.

Entonces, ¿cómo no honrar a aquellos que nos muestran la misericordia y la bondad de Dios?... Hoy, existen sectas y grupos religiosos que niegan la realidad de la santificación, rechazan la veneración a los santos, considerando idólatras a quienes enseñan pedir las intercesiones de los santos. Consideramos que dichos grupos carecen de un conocimiento eclesiológico, histórico, teológico y doctrinal de la Iglesia; y es esa misma ignorancia la que los lleva a pensar de esa manera. Por eso, vamos a clarificar el concepto de la ortodoxia con respecto ala veneración e intercesión de los santos.

Lo que se debe tener en claro que, en la Iglesia Ortodoxa, la adoración, que es dada a Dios, es completamente diferente de la honra de amor y respeto, e incluso veneración "que es ofrecida a aquellos revestidos de tal dignidad"(San Juan Crisóstomo, Homilía III, 40). Un cristiano ortodoxo honra a los santos para expresar su amor y gratitud a Dios, quien ha perfeccionado a los santos. San Simeón el nuevo Teólogo escribe: "Dios es el Maestro de los profetas, el Compañero de viaje de los Apóstoles, el Poder de los mártires, la inspiración de los Padres y Maestros, la Perfección de todos los santos..."(Catequesis I)

Antiguamente, los cristianos acostumbraban reunirse en los lugares donde habían muerto los mártires. Allí, construían Iglesias en honor de ellos, veneraban sus reliquias y presentaban sus ejemplos para la imitación de los demás. Informaciones muy interesantes, en cuanto a este tema, aparecen en el relato del Martirio de San Policarpo, de acuerdo con el cual, los primeros cristianos recolectaban reverentemente los restos de los santos y los honraban "más que a las piedras preciosas". También se juntaban el día de sus muertes para conmemorar "el nuevo cumpleaños, el día en el que entraron a una nueva vida en los cielos" Esta práctica litúrgica ha sido mantenida hasta hoy por la Iglesia Ortodoxa; y el 7º Concilio Ecuménico, sintetizando ésta práctica de la Iglesia, declara que "nosotros adoramos y respetamos a Dios, nuestro Señor; y a aquellos que han sido verdaderos siervos de nuestro Señor, los honramos y veneramos porque tienen el poder para hacernos amigos con Dios, el Rey de todo". Aunque la conmemoración de los santos y la celebración en su honor ha llegado a ser una práctica común ya en el siglo IV.

Como vemos, los Padres y los primeros cristianos han demostrado un particular respeto a las reliquias de los mártires. Y además de las mencionadas, hay numerosas fuentes escritas que confirman todo esto. Por ejemplo, en la Constitución Apostólica, los mártires son llamados "hermanos del Señor" y "vasos del Espíritu Santo". San Basilio el Grande, San Gregorio de Niza, San Cirilo de Jerusalén y San Juan Crisóstomo no recuerdan que las reliquias de los están "llenas de una gracia espiritual" y que incluso sus tumbas están llenas con una "bendición especial".

Queda claro que no hemos inventado la veneración a los santos; esto es algo que hemos recibido de nuestros santos Padres. Veneramos y honramos a los santos pues ellos son ejemplo de lucha espiritual, son quienes nos recuerdan cada que unirse es posible vivir conforme a la voluntad del Señor; Ellos nos enseñan a amar a Dios y a creer en Su amor por nosotros.

6.4 Algunas Diferencias con otras Iglesias cristianas

a. Diferencias Administrativas

La autoridad máxima de todas las Iglesias, según el punto de vista de la Iglesia Ortodoxa, es el Concilio Ecuménico.

b. Diferencias Litúrgicas

La Iglesia Ortodoxa usa pan con levadura en la Eucaristía, mientras que la Iglesia Romana usa el pan ácimo.

En la Iglesia Ortodoxa el Bautismo se realiza por inmersión (triple inmersión) mientras que el bautismo en la Iglesia Romana se realiza por aspersión.

La Iglesia Ortodoxa da los tres sacramentos de iniciación (Bautismo, Crismación y Comunión) juntos en una misma ceremonia.

La Iglesia Ortodoxa no exige el celibato del clero; mientras que en la Iglesia Romana esto es una condición indispensable.

En la Iglesias Ortodoxas no existen las estatuas de los santos, de la Virgen o de Cristo; se usan solamente íconos (o imágenes).

En la Iglesia Ortodoxa no hay extremaunción sino santa unción (o unción de los enfermos).

En la Iglesia Ortodoxa, tanto el clero como los fieles comulgan bajo las dos especies, es decir, Cuerpo y Sangre (pan y vino).

c. Diferencias Dogmáticas

La Ortodoxia afirma que el Espíritu Santo procede del Padre solamente. La Iglesia Romana habla de la procedencia del Espíritu Santo del Padre y del Hijo.

La Iglesia Ortodoxa no acepta la existencia del Purgatorio; y cree que al morir, las almas van a un lugar, que no es el paraíso ni el infierno, donde espera el Juicio Final.

La Iglesia Ortodoxa cree que la Santísima Virgen nació en forma natural, es decir que no acepta la Inmaculada Concepción de la Virgen María.

La Iglesia Ortodoxa, por supuesto, no acepta el dogma de la Infalibilidad Papal.

Conclusión necesaria

Concluir lo que escrito esta no es fácil, mucho mas cuando mi caminar apenas inicia. ¿Que podría yo decir de lo que a cada instante he vivido y de lo que poco a poco ¿he aprendido?.

Es necesario antes que todo, poder encontrar y ver que nos aleja y que nos acerca de esta bella y tan hermosa experiencia cristiana desde el conocimiento "**práctico**", "**activo**" y "**bíblico**".

a. **Practico**, por que decir que se es "**Ortodoxo**" y practicarlo con "**fanatismo**", es igual que desconocer que Cristo no murió y resucitó por todo, si no por "**algunos egocéntricos**" que se apartan de la realidad Salvífica por la cual Jesucristo, **Nació**, **Vivió**, **Actuó**, **Murió** y **Resucitó** en medio de nosotros. Debemos no solo retomar, si no también mostrar a Dios como amigo para descubrir un verdadero y autentico camino de Santidad[36].

b. **Activo**, desde la fuerza que viene de Dios, por su poder, por su amor y por su misericordia; la fe se renueva día a día en cada acto sublime en el que el hombre le reconoce como principio y fin de nuestra existencia.

c. **Bíblico**, por la imperiosa necesidad que se nos asiste dentro de la Iglesia Ortodoxa, de vivir nuestra diaria

---

[36] Dios: ¿extraño o amigo?, Arzobispo Pablo Yazigy. Los Atrios del Señor. Iglesia Antioquena de México.

existencia en un entorno, que es "**Real**" y "**Activo**" desde las Sagradas Escrituras.

Dicho lo anterior procedo.

Hace muy poco escuché la frase perfecta de parte de un clérigo ortodoxo, aclaro, canónico[37], me decía: "**La Iglesia no es un club privado**" y me lo decía, al dialogar sobre la necesidad, actual de "**anunciar**" y "**dar a conocer**" (*para cerrar la grieta en el troco único*)[38], no expandir (La Iglesia Ortodoxa No es Proselitista), el "**correcto**" y "**autentico**" mensaje, heredado de Nuestro Señor Jesucristo y trasmitido a través de los tiempos desde los apóstoles hasta nuestros días.

Hoy es más que justo y necesario de quienes regentan o representan Jurisdicciones Ortodoxas, Canónicas, es decir, Jurisdicciones debidamente aprobadas y avaladas por las demás Iglesias o Patriarcados; encontrándose todos en perfecta unidad y comunión, miren hacia occidente y no solo miren, si no extiendan sus manos llenas de caridad por quienes con sinceridad, humildad y honestidad buscan la verdadera enseñanza.

Debe pues hoy más que nunca, la Iglesia Ortodoxa dar a quienes le buscan, luz para vislumbrar el misterio como lo dice Serguéi

---

[37] Derivado de la palabra "**canon**" (del griego κανων, que significa "caña" – probablemente es un derivado del hebreo **QANEH**, que significa "junco" o "caña" y que en el **AT** se usó para señalar una vara de medir; Ez. 40:3; 42:16). Para efectos Eclesiológicos, denomínese "**Canónico**" al clérigo o institución, que no solo cumple los sagrados Cánones, si no que los cumple en unidad y armonía legitima con las Iglesias Madres.

[38] La Iglesia Ortodoxa – Oliver Clement, Papel Ecuménico de la Ortodoxía

Nikoláievich Boulgakoff[39]: *"La Ortodoxia es la Iglesia de Cristo sobre la tierra. La Iglesia de Cristo no es una institución, es una vida nueva con Cristo y en Cristo, dirigida por el Espíritu Santo"*[40]

Queda pues la bandera No a media asta en la evangelización que hoy más que nunca debe cumplir la Santa Iglesia Ortodoxa en occidente, o dentro de los que aun no son cristianos ortodoxos, para así lograr dar a conocer las Verdaderas Manifestaciones y Signos de la Iglesia de Jesucristo: **Unidad, Catolicidad, Apostolicidad** y **Santidad**.

---

[39] Economista y teólogo ortodoxo ruso. Es indudablemente el teólogo más importante de Rusia
[40] S. Boulgakoff, L'Orthodoxie, Paris 1932, p.1

Bibliografía

1. **Los caminos del Oriente cristiano** - Victor Codina 2006
2. H. ERIKSON, **Iglesias locales y la Catolicidad: una perspectiva ortodoxa**, en LEGRAND, H.•MANZANARES,].•GARCÍA, A. (eds.), Iglesias locales y Catolicidad, Salamanca 1992, 656•657.
3. **CONDICIONES TEOLOGICAS DE VIDA en el Espíritu Santo**, La contribución de San Gregorio Palamas. Profesor Demetrio I.TSELENGIDI
4. **LA GNOSEOLOGIA DE SAN ISAAC DE SIRIA** - Seminario de san Sabbas (1928). Sremski Karlovci - Serbia
5. **EL ESPÍRITU DE LA LITURGIA", de JOSEPH RATZINGER**. EDICIONES CRISTIANDAD, 2001. Pagina 80.
6. Book Review: **STORIA LITURGICA**. Volume II. Mario Righetti. Milan: Ancora. Pp. 715
7. **La Iglesia Ortodoxa**. Kallistos Ware 2006
8. **I APOLOGIA DE JUSTINO DE ROMA**. Ictis – Memória e Ortodoxia Cristã. Fonte: Padres Apostólicos – São Paulo, 1995. – Coleção Patrística. Introdução e Notas Explicativas: Roque Frangiotti. Tradução: Ivo Storniolo, Euclides M. Balancin.
9. J L Espinel, **La eucaristía del Nuevo Testamento**, o c , 141-142
10. S. JANERAS, Bibliografía sulle **Liturgie Orientali**, 1961-1967 (Roma 1969)
11. BASURKO, **La vida Mtúrgico-sacramental de la Iglesia**, 92-93

12. **Eucaristía** por Dionisio Borobio. Biblioteca de Autores Cristianos. Madrid 2000

13. **An Anglican Liturgy in the Orthodox Church**: The Origins and Development of the Liturgy of Saint Tikhon." M.Div. diss., St. Vladimir's Seminary, 2005.

14. **Review essay on the Saint Andrew's Service Book in St Vladimir's Theological Quarterly**, Vol. 41 (1997), No. 2-3, pp. 249-268

15. Orlandis Rovira, José (2000). **Historia breve del cristianismo**. Ediciones Rialp

16. **La Iglesia en Oriente durante la lucha por la supervivencia**. N. Zernov

17. "**Historia de la Teología y la espiritualidad ortodoxas**" George D. Martzelos, de Salónica de 1988

18. **La Iglesia Ortodoxa** – Oliver Clement, Papel Ecuménico de la Ortodoxía

19. **Boulgakoff, L´Orthodoxie**, Paris 1932, p.1

Sobre el autor

Jairo González Montoya, es **Sacerdote Ortodoxo**, ordenado en el año 2004.

Con una licenciatura en Filosofía y Ciencias Religiosas de la **Universidad Pontificia Bolivariana**, Postgrado en Informática y un D.D. (**Doctor of Divinity**) de la **St. Thomas a Becket University, Canterbury England**.

Investigador y docente Universitario del Politécnico Colombiano Jaime Isaza Cadavid, Facultad de Ingeniera; Corporación Universitaria Remington, Facultad de Ingeniera, Universidad de Santander y docente del Colegio la Salle de Envigado Antioquia.

En la actualidad se desempeña como Docente, Asesor y Consultor Informático y Tecnológico.